AF358901

LE
RÈGNE DES ESCARGOTS

REVUE-VAUDEVILLE EN TROIS ACTES

PAR

MM. DE LEUVEN, BRUNSWICK et ARTHUR DE BEAUPLAN

Représenté pour la première fois, à Paris, sur le théâtre du Vaudeville, le 23 novembre 1850.

Distribution de la pièce.

GOLIMAÇON..	MM. Delannoy.
PAILLASSE.	} Renéluguet.
UN MONSIEUR.	}
GRIMPETOUJOURS	} Léonce.
SERINGAPOUR. prince indien.	}
BEAUFROMENT.	Schey.
CORNILLARD.	Devaux.
ESCARGOT.	Roger.
UN JARDINIER.	Sollier.
COQUILLARD.	Henry.
TORTILLON.	Auguste.
VIGNOT.	Baud.
BIGORNOT.	Potier.
LA PORTE St MARTIN.	Héraud.
LE SAC A MALICE.	Jules.
L'ENFANT PRODIGUE.	Constant fils
ESCARGOTINE.	Mesd. Octave.
LIMAÇONNETTE.	C. Bader.
COQUILLETTE.	Clary.
SPIRALE.	Jeanne.
CORNALINE.	Gallois.
MOULETTE.	Julie.

Quatre femmes en relief.

LE RÈGNE DES ESCARGOTS.

ACTE PREMIER.

Le théâtre représente des coteaux garnis de vignes.

SCÈNE PREMIÈRE.

ESCARGOT, CORNILLARD, COQUILLARD, TORTILLON, VIGNOT, BIGORNOT, LIMAÇONNETTE, CORNALINE, CO-QUILLETTE, SPIRALE, MOULETTE. — *Au lever du rideau tous sont cachés derrière les vignes ; le jour vient peu à peu. L'orchestre joue piano la ritournelle de l'air suivant. Sur la fin de la ritournelle, Limaçonnette montre la tête.*

LIMAÇONNETTE.

Air des *Grenouilles qui demandent un roi.*

Réveillez-vous, Escargots, le jour brille !...
Pour respirer le bon air du matin,
Mettez le nez hors de votre coquille,
Cela délasse et rafraîchit le teint.

(*Quittant sa place et courant çà et là pour réveiller les Escargots.*)

Réveillez-vous (*bis*), Escargots, le jour brille !
Et profitez (*bis.*) du bon air du matin.

TOUS, *paraissant les uns après les autres.*

Réveillons-nous (*bis.*) Escargots, le jour brille !
Et profitons (*bis.*) du bon air du matin.

Pendant la ritournelle, ils sortent tous des vignes, par couple de mâle et femelle.)

LIMAÇONNETTE.

Allons, allons, escargots des deux genres, que chacun offre à son épouse les compliments du matin.

LES MARIS.

Air : *Pan ! pan ! est-ce ma brune.*

Bonjour, ma chère femme.

LES FEMMES.

Bonjour, mon cher époux.

LES MARIS.

Ton regard brillant m'enflamme.

LES FEMMES.

Le tien me semble doux.

LIMAÇONNETTE.

Assez, Cornillard, ne prolongeons pas les tendresses, et partons pour aller déjeuner.

TOUS.

Oui ! partons ! partons !

CORNILLARD.

Où irons-nous ce matin, ma petite Limaçonnette ?

LIMAÇONNETTE.

J'ai découvert un potager magnifique ! des fruits de toute beauté.

TOUS, *avec empressement*.

Où ça ? où ça ?

COQUILLETTE.

L'eau m'en vient à la bouche, foi de Coquillette !

CORNILLARD.

Savez-vous, tout de même, que c'est un vilain métier que nous faisons là... Ronger tout ce qui est bon, tout ce qui est beau !.. Enfin, nous attaquons la propriété.

LIMAÇONNETTE.

Tu n'es donc pas dans le progrès ?

AIR : *Je loge au quatrième étage.*
Contre nous le propriétaire
Fait quelquefois beaucoup de bruit,
Et vient nous déclarer la guerre ;
Pour un légume ou pour un fruit,
Qu'en passant, nous avons détruit.
Raisins, poires, pêches ou pommes,
C'est là tout c' que nous détruisons !...
Mon cher, il est parmi les hommes } *(Bis.)*
De plus dang'reux colimaçons.

SPIRALE.

En route.

COQUILLETTE.

Attendez donc, nous ne sommes pas au complet.

LIMAÇONNETTE.

C'est vrai, il nous manque l'aimable Grimpe-Toujours.

CORNILLARD.

Et sa charmante compagne, Escargotine.

LIMAÇONNETTE.

Bah ! nous les rencontrerons peut-être sur quelque cep... qui sait ?

CORNALINE, *remontant*.

La voilà... la voilà... mais elle est seule... Dieu ! comme elle a l'air triste !

SCÈNE II.

LES MÊMES, ESCARGOTINE.

ESCARGOTINE, *descendant un coteau.*

AIR *nouveau* (Amédée de Beauplan.)

J'ai perdu depuis ce matin
Mon amoureux dans la campagne,
Et je le cherche, hélas ! en vain,
Dans la plaine et sur la montagne.
Tous mes efforts sont superflus,
Notre chanson que je lui chante,
Avec ma voix la plus touchante,
L'ingrat ! l'ingrat ne l'entend plus.

(Appelant.)

Colimaçon borgne,
Montre-moi tes cornes...

CORNALINE.

Pauvre fille !

ESCARGOTINE.

Un être que j'aimais tant... un escargot pour lequel j'ai re-
fusé des offres... malhonnètes ; mais bien avantageuses.

CORNILLARD.

Que diable aussi, on ne s'attache pas à un polisson de cette
espèce !

ESCARGOTINE.

Que voulez-vous ? nous étions suspendus tous deux à la
même branche d'un pêcher, et dam !... sur un arbre, les nœuds
se forment vite.

AIR : *Daignez m'épargner le reste.*

Il me cherchait sans cesse, un jour
Je m'habillais, et ma toilette,
Quand il vint me parler d'amour,
Était, hélas ! fort incomplète.
Craignant de le voir s'approcher,
J' n'osais dire un mot, faire un signe ;
Car sur ma branche de pêcher,
Je n'avais pas, pour me cacher,
Une simple feuille de vigne (*Bis.*)

LIMAÇONNETTE.

Eh bien ! mais, on rentre dans sa coquille !

ESCARGOTINE.

Oh ! mais s'il me trompe, s'il me trahit... je suis femme ! je
me vengerai !

COQUILLETTE.

Et tu feras bien !

CORNILLARD, *avec orgueil.*

Et comment, s'il vous plaît?

ESCARGOTINE.

C'est vrai! ce sera difficile !

AIR : *Vaudeville du Château perdu.*

C'est l'ornement qui couronne leur face,
Qui fait, hélas ! qu' nos homm's sont convaincus,
Que dans la lutt' conjugal', quoi qu'on fasse,
Ils ne pass'ront jamais pour êt'... vaincus.
C'est c' t'ornement qu'ils ont, dès leur naissance,
Qui les rend sûrs de not' fidélité...
Ah! nos maris auraient moins de jactance, ₍ (*Bis* en-
Si par nous-mêm's il pouvait être planté. ₎ *semble*)

LIMAÇONNETTE.

Eh ! mais je l'aperçois ! c'est lui !... Ah ! mon Dieu !... quel
air effaré !...

ESCARGOTINE, *inquiète.*

Il a peut-être mangé du raisin malade !

SCÈNE III.

LEE MÊMES, GRIMPE-TOUJOURS.

GRIMPE-TOUJOURS.

AIR de *Léocadie.*

Tremblez (*Bis.*)
Le sort vous menace,
Filez,
Ou bien vous s'rez immolés.

TOUS.

Voyons (*Bis.*),
Dites-nous, de grâce,
Si nous courons
Des dangers...

GRIMPE-TOUJOURS.

Partons !
Car l'espèce humaine,
Toujours inhumaine,
Nous a pris en haine,

Et veut notre mort.
Mais contre sa rage,
Mon conseil, je gage,
S'il vous semble sage,
Peut offrir un port.

TOUS

Voyons (*bis*),
Que devons-nous faire?
Voyons (*bis.*),
Nous vous écoutons !

ESCARGOTINE.

Eh bien ! voyons, qu'est-ce qui se passe ?

GRIMPE-TOUJOURS.

Ah ! ma chère Escargotine !... si vous saviez !... Mais vous ne savez rien !... vous ne lisez pas les journaux...

ESCARGOTINE.

Heureusement !

GRIMPE-TOUJOURS.

Et vous avez raison ! Ah ! si j'avais votre heureuse indifférence, je n'aurais pas lu ce matin... Que voulez-vous? on m'a conféré des droits politiques, il m'a bien fallu apprendre à lire pour les connaître, et j'ai lu dans ce journal... (*Il le tire de sa poche.*)

CORNILLARD.

A l'article Hesse-Cassel ?..

GRIMPE-TOUJOURS.

Non, à la quatrième page... aux réclames et aux annonces... Ecoutez tous ! (*Lisant.*) « Clysobol, pharmacien, seul inventeur » du sirop et de la pâte... de colimaçons !...

TOUS.

Ah !

GRIMPE-TOUJOURS.

» S'adresser rue de la Limace. »

TOUS, *avec horreur.*

Oh !...

GRIMPE-TOUJOURS; *avec colère.*

Oui, mes frères !... on nous prend, on nous décoquille, et on nous transforme en sirop... en pâte... on nous métamorphose en jujube !... Chez les restaurateurs, on nous gobelotte à la poulette...

LIMAÇONNETTE.

Est-il bien possible !

ESCARGOTINE.

Ça doit être !.. L'autre jour, j'ai rencontré un monsieur qui m'a dit : Oh ! comme je te croquerais !

GRIMPE-TOUJOURS.

Mais ce n'est pas tout...

Air : *Cette danse est, dit-on, la folie.* (Fandango.)

Mes pauvres enfants, j'en ai la preuve,
Tous ces hommes, ces ambitieux,
Nous réservent encore une épreuve,
Que subiront et jeunes et vieux.
Pour s'élever, je ne puis le taire,
De marchepied, oui, nous leur servons ;
Car n'ont-ils pas été jusqu'à faire
Des escaliers en colimaçons ?
Oui, ces gueux ont été jusqu'à faire
Des escaliers en colimaçons.

ESCARGOTINE.

Et où as-tu trouvé cette horrible feuille ?

GRIMPE-TOUJOURS.

Dans les vignes... où elle aura été égarée avec cette boîte par un de nos ennemis, un monstre à deux pieds... un homme !

LES ESCARGOTS, *avec dégoût.*

Ah !

GRIMPE-TOUJOURS.

Je l'ai vu de loin, qui se promenait en toussant.

CORNILLARD.

Est-ce là tout ?

GRIMPE-TOUJOURS.

C'est là tout ce que j'ai trouvé d'intéressant dans ce journal...

ESCARGOTINE, *qui a pris la boîte et qui l'a ouverte.*

Tiens, ça a bonne mine !... ce sont des bonbons.... (*Elle en goûte un.*) Ah ! on peut dire qu'en voilà de bons bonbons !

LIMAÇONNETTE.

Donne-m'en un !

TOUS, *entourant Escargotine.*

A moi aussi, à moi aussi !

ESCARGOTINE, *tendant la boîte.*

Tenez !... prenez-en tous. (*Les femmes en prennent et en donnent à leurs maris.*)

SPIRALE, *goûtant le bonbon.*

Ah ! mais, c'est très-bon !

COQUILLETTE, *de même.*

Dis donc que c'est excellent !...

CORNALINE.

Ou plutôt excellent !....

GRIMPE-TOUJOURS, *faisant claquer sa langue.*

Le fait est que ça a un petit goût de noisette... Que diable est-ce que ça peut être que ça ?

ESCARGOTINE.

Nous allons bien savoir... L'adresse n'est-elle pas sur le couvercle ?

GRIMPE-TOUJOURS.

Donnez, nous allons voir ! (*Lisant.*) « Brevet d'invention et
» de perfectionnement... » Ça ne m'étonne pas... c'est perfec-
tionné. « Pâte pectorale... de colimaçons !... »

TOUS.

De colimaçons !

GRIMPE-TOUJOURS.

Horreur ! horreur !

(*Ils rejettent ce qu'ils ont dans la bouche.*)

AIR : *Les peuples sont pour nous des frères.*

Oui, nous avons mangé nos frères,
        Nos frères,
        Nos frères,
Je n' pourrai pas digérer ça.

REPRISE ENSEMBLE.

ESCARGOTINE.

Mais nous sommes exposés... nous sommes perdus !

GRIMPE-TOUJOURS.

Ecoutez-moi !... je viens de trouver le moyen d'attaquer nos
affreux ennemis.

CORNILLARD.

Parlez vite !

GRIMPE-TOUJOURS.

C'est de laisser finir la race des Escargots... à compter d'aujourd'hui, renonçons à l'amour....

ESCARGOTINE, *vexée.*

Il est gentil, votre moyen.

GRIMPE-TOUJOURS.

Ça paraîtra dur les huit premiers jours, je le veux bien ; mais
je le répète, plus d'amour, plus de rejetons !

CORNILLARD.

Il a raison.

TOUS.

Oui, oui...

AIR de l'*Apothicaire.*

Que le pharmacien cherche en vain
De nos pareils pour sa pratique,
Et que sans nous, mourant de faim,
Il mang' les drogu's de sa boutique !
Vengeons-nous ; ça nous est bien dû !...
Jurons d' mourir célibataires,
Et ça n' s'ra qu'un prêté rendu
D' faire aller les apothicaires.

TOUS.

Nous le jurons !

GRIMPE-TOUJOURS.

AIR : *Amour sacré de la patrie.*

Que sur l'honneur chacun s'engage,
Et qu'un serment soit prononcé.
Renonçons tous au mariage,
Le genre humain est enfoncé.

LES ESCARGOTS FEMELLES.

Nous le jurons !

ESCARGOTINE.

Chacune ici s'engage,
Que le serment soit par vous prononcé.

LES ESCARGOTS MALES.

Nous renonçons aux droits du mariage.

TOUS, *avec joie.*

Le genre humain par nous est enfoncé !

SCÈNE IV.

LES MÊMES, COLIMAÇON.

COLIMAÇON, *entrant.*

Arrêtez, mes enfants, arrêtez!... renoncer à l'amour ! renoncer aux joies de la famille ! mais, au contraire, croissez et multipliez !

ESCARGOTINE.

Monsieur Colimaçon, si je n'avais pas un profond respect pour votre âge, je vous dirais que vous êtes soudoyé par le pharmacien Clysobol.

TOUS.

Oui... oui !...

COLIMAÇON.

Mais du tout, mes amis, du tout, écoutez-moi, et le sort le plus brillant vous est réservé ! Si vous saviez quelle est la découverte que je viens de faire!... Les télégraphes ordinaires vont avoir les bras cassés, les télégraphes électriques vont recevoir leur pile, et les télégraphes sous-marins vont boire un coup.

AIR : *Adieu, je vous fuis, bois charmant.*

Nous allons remplacer tout ça !...
L'escargot remont' sur sa bête,
Et nous allons pouvoir, oui dà,
Maintenant faire notre tête.

Vu les prodigieux effets
Qu'on va devoir à notre espèce,
Les télégraphes désormais
N' f'ront plus que des sign's... de détresse. } (*Bis.*)

GRIMPE-TOUJOURS.

Voyons, expliquez-vous.

COLIMAÇON.

Voilà ! ce matin, je tournais autour d'une magnifique pomme de calvil, que je m'apprêtais à attaquer, quand tout à coup...

Air : *Bouton de rose.*

De ma coquille
R'gardant tout d'un œil convoiteur,
J'aperçus une vieille fille,
Dont, un jour, je volai le cœur,
Et la coquille. (*Bis.*)

Il y a vingt-cinq ans que je ne l'avais vue... je me suis assez mal conduit avec elle, enfin n'importe !... vivement surpris, je fais un geste de profond étonnement, qu'elle ne pouvait certainement pas voir, elle me tournait le dos, eh bien ! ce geste est à l'instant répété par elle.

GRIMPE-TOUJOURS.

C'est singulier !

COLIMAÇON.

Attendez... une démangeaison ridicule envahit alors le bout de mon nez, je me gratte, et ma vieille amie, mon premier amour, toujours sans me voir, remarquez-bien, se gratte immédiatement le bout du nez. Alors, je me suis écrié : décidément la sympathie est le lien des âmes et des colimaçons... j'ai répété vingt fois l'expérience, et vingt fois l'expérience a réussi.

ESCARGOTINE.

Eh bien, qu'est-ce que ça prouve?

COLIMAÇON.

Comment, ce que ça prouve? mais ça prouve qu'il existe entre deux escargots qui se sont aimés, une électricité, un magnétisme animal, un fluide dont je vais tirer le plus grand parti.

TOUS.

Comment ?

COLIMAÇON.

Vous allez tous vous adorer !

LES ESCARGOTS FEMELLES, *avec joie.*

Ah !

COLIMAÇON.

Ce qui nécessairement établira entre vous le fluide sympathique, ci-dessus mentionné. Bon! je vous sépare : mais le susdit fluide existe toujours, à quelque distance que vous vous trouviez les uns des autres! à preuve, mon ancienne... Bon! j'inscris les vingt-cinq lettres de l'alphabet sur le dos de vingt-cinq maris, que j'expédie en province ou à l'étranger... bon!... Même opération sur la coquille de vingt-cinq femelles que j'établis à Paris... Suivez-bien !... mon correspondant de l'étranger veut me faire passer une nouvelle... bon!... Il a besoin d'un A, d'un B, d'un C, et cætera... Il agace à tour de rôle les colimaçons porteurs de ces différentes lettres, aussitôt les colimaçons restés à Paris, et qui correspondent aux lettres que l'on a touchées, sont instantanément frappés par le fluide sympathique, ils se mettent à se trémousser... on assemble les lettres, on en forme des mots, et on court porter la nouvelle à la démocratie pacifique.

GRIMPE-TOUJOURS.

Mais c'est l'exploitation de l'escargot par l'escargot!

COLIMAÇON.

C'est le seul moyen qui vous reste d'échapper à la mort... Servez vos ennemis, rendez-vous utiles aux gazettes, et la presse vous protégera!

ESCARGOTINE.

Eh bien, moi, je refuse!

AIR du *Piége.*

Je ne veux pas de ce moyen.
Il s'rait la fin de notre espèce ;
Car désormais le genre humain
N' song'rait qu'à nous détruir' sans cesse.
De télégraph' si nous servions,
Nous en verrions, hélas ! de trop cruelles :
On mangerait tous les colimaçons,
Pour gober plus vit' les nouvelles,
On est si friand de nouvelles.

COLIMAÇON.

Erreur !... mauvais calcul !... Voyons, formons vite un alphabet. J'ai déjà en venant ici, distribué les premières lettres, tout est pris jusqu'à l'E, inclusivement.

ESCARGOTINE.

Je prends l'F.

ESCARGOT, *qui se trouve à droite d'Escargotine.*

G.

LIMAÇONNETTE.

H.

CORNILLARD.

I.

CORNALINE.

J.

COQUILLARD.

K.

COQUILLETTE, *qui est à l'extrême droite.*

L.

TORTILLON, *qui est à l'extrême gauche.*

M.

SPIRALE, *qui est à droite de Tortillon.*

N.

VIGNOT.

O.

MOULETTE.

P.

GRIMPE-TOUJOURS, *qui est entre Moulette et Escargotine, s'arrêtant au moment de prononcer la lettre Q.*
Je n'en veux pas!... je n'en veux pas!...

COLIMAÇON.

Tu permuteras! maintenant que tout le monde est classé, en route pour Paris, berceau des sciences et de la civilisation. Grimpe-toujours, je te nomme commandant d'un alphabet, je me mettrai à la tête de l'autre. (*Les mâles et les femelles se séparent.*)

AIR de la *Musique militaire.*

En route, en route, il le faut, le temps presse;
Avec tendresse,
Faites-vous vos adieux,
Quittons ces lieux;
Allons, jeunes et vieux,
Faites-vous de tendres adieux.

(*Les couples se rapprochent et forment des groupes de deux sur le devant de la scène et sur les coteaux.*)

CORNILLARD, *à Limaçonnette.*

Ma p'tit' femme, sois bien sage.

LIMAÇONNETTE.

Pense à moi l' long du ch'min.

GRIMPE-TOUJOURS, *à Escargotine.*

Sois d'un' vertu sauvage.

ESCARGOTINE.

Et toi, n' fais pas l' gamin.

COLIMAÇON.

Vous pouvez dans un tel moment,
Vous embrasser tous tendrement.

Les maris embrassent leurs femmes sur les deux mains alternativement, trois fois et en mesure.)

C'est l'instant d' se montrer braves !

(*Même jeu.*)

Car il faut se séparer.

(*Même jeu avec cinq baisers.*)

Tout va marcher sans entraves !

(*Même jeu.*)

Mais c'est assez folâtrer !

(*Les Escargots se séparent, et un petit fil d'argent relie chaque couple par les mains.*)

COLIMAÇON.

Le fluid', je l' vois,
S'échapp' de leurs doigts !

ENSEMBLE.

Adieu mon homme, / ma femme, adieu donc, le temps presse ;
De ma tendresse ,
Sois certain, / certaine, en tous lieux,
Fuyons ces lieux ;
Car je vois dans les yeux,
Qu'il est dur l'instant des adieux.

(*Les Escargots mâles sortent par la droite, les femelles par la gauche, mais le fil d'argent les unit toujours.*)

ACTE II.

Le théâtre représente un riche jardin fruitier et potager. A droite, à gauche et au milieu, touffes d'arbres très-bas et couverts de fruits. — Au fond, dans toute la largeur du théâtre, un mur d'appui derrière lequel est censé régner un fossé profond. Au delà du mur, arbres touffus, couverts de fruits et de fleurs ; chaises de jardin.)

SCÈNE PREMIÈRE.

TROIS GARÇONS JARDINIERS, *puis* BEAUFROMENT.

LES TROIS JARDINIERS.

ENSEMBLE.

Air : *Travaillons.* (Maçon.)

Arrosons,

> Epluchons,
> Sarclons
> Et ratissons ;
> Jardinier diligent,
> Travaillons, (*bis.*)
> Gagnons bien notre argent.

BEAUFROMENT, *entrant par la gauche. Il porte un petit seau à la main.*

Déjà au travail ? bien, bien, mes enfants... surtout veillez, cherchez... j'ai aperçu chez moi des traces de colimaçons.

PREMIER GARÇON.

Des colimaçons !... laissez faire, monsieur Beaufroment.... nous leur-z'y donnerons une drôle de chasse.

BEAUFROMENT.

S'attaquer à mes fleurs, à mes fruits... produits de l'admirable engrais dont je suis l'inventeur.

PREMIER GARÇON, *montrant le seau que Beaufroment porte.*

Ah ! oui... l'engrais que vous avez-là...

BEAUFROMENT.

L'engrais du seau !... c'est cela même ; grâce à lui, je fais tout pousser plus grand que nature ! avec un seul de mes grains de blé, je me charge de faire un pain de quatre livres... je fais même pousser des cris d'admiration.

AIR de la *Permission de dix heures.* (Amédée de Beauplan.)

> Gloire au progrès,
> Plus de terrain mauvais ;
> Je peux, par mon nouvel engrais,
> Régénérer le sol français.
> Stérilité, je te fais
> Ton procès,
> J'ai des
> Brevets
> Qui prouvent mes
> Succès.
> De la disette, désormais,
> Vous pourrez, chaumière ou palais,
> Rire à jamais !
> Pour qu'à mon engrais
> Tout le monde ait un libre accès,
> Je le vends exprès
> Avec un extrême rabais ;
> Et quand je promets
> Qu'un terrain sec deviendra frais

Comme un marais,
On voit qu' mes prospectus sont très-
Vrais !

Allez, allez, mes enfants... et surtout, n'oubliez pas ma re
commandation !

AIR : *Guerre aux tyrans!*

Aux

Escargots
Faisons (*bis*) la guerre,
Car ces enn'mis de nos travaux
Mang'nt les plus beaux
D' nos fruits nouveaux !

(*Les jardiniers brandissant leurs bêches.*)

ENSEMBLE.

Des Escargots
Périss' la race entière.
Ces animaux
Causent nos maux.
Faisons la guerre aux Escargots,
Guerre aux Escargots !

(*Les jardiniers sortent de différents côtés. Beaufroment remonte avec eux.*)

SCÈNE II.

BEAUFROMENT, COLIMAÇON.

COLIMAÇON, *entrant à droite avec précaution, il porte un costume d'une mode très-excentrique.*

Un jardin ! un jardin magnifique ! mes fugitives sont peut-
être ici... Entrons.

BEAUFROMENT, *l'appercevant.*

Un étranger !... Pardon, monsieur, à qui ai-je l'honneur de
parler ?

COLIMAÇON.

Ah ! monsieur, vous voyez devant vous le plus infortuné des
colimaçons.

BEAUFROMENT, *levant sa bêche.*

Un colimaçon !... chez moi... misérable, je vais te couper en
deux.

COLIMAÇON.

Arrêtez, monsieur, ne me divisez pas... je vous en supplie,
en ce moment, pas de division.

BEAUFROMENT.

Enfin, tu viens dévorer mes fruits, n'est-ce pas ?

COLIMAÇON, *fièrement.*

Monsieur. depuis huit jours que je suis à Paris, j'ai totalement changé de mœurs ! j'ai pris les habitudes et le costume de votre espèce, j'ai acheté ça au Prophète ! (*Il montre son vêtement.*) Ça s'appelle un *Cloaque.*

BEAUFROMENT.

Malgré le nom, c'est un vêtement très-propre, mais un peu bizarre.

COLIMAÇON.

C'est ce que j'ai dit au marchand.

AIR : *Connaissez-vous le grand Eugène.*

Trouvant c't habit un peu trop excentrique,
Je voulais l' rendre aussitôt, mais hélas !
   Les commis de cette boutique
M'ont dit qu'ils ne le r'prendraient pas
Vu qu' sur l' boulvard j'avais fait quatre pas.

BEAUFROMENT.

C'est un avis, mettez donc vos besicles,
   Passants, ach'teurs, soyez prudents ;
   Car on ne r'prend pas les articles
Un' fois qu' l'ach'teur s'est mis dedans. (*Bis.*)

Enfin vous ne me dites pas?...

COLIMAÇON.

Qui je suis ?... Directeur du télégraphe escargotique... car le règne des escargots commence... Je viens chez vous, chercher des fugitives, mon alphabet féminin court la prétentaine... et je sais qu'une compagnie rivale de mon entreprise a mis à ses trousses des escargots mâles... très-entreprenants... je suis d'une inquiétude !

BEAUFROMENT.

Vraiment ?

COLIMAÇON.

Ah ! monsieur, si par malheur, mes escargotes sont infidèles à leur premier amour, si elles se mettent à débobiner un second fil amoureux, elles détruisent immédiatement le premier fil.....

BEAUFROMENT.

Et si elles avaient trop le fil?...

COLIMAÇON.

Il faudrait que je filasse.

BEAUFROMENT.

C'est magnifique, mais cependant...

Air de *Lantara*.

Il est heureux que ce système
Ne s'appliqu' pas au genre humain ;
Dam, on verrait à l'instant même,
Ce qu'en un jour, le dieu d'hymen
Donne de confrèr's à Vulcain.
Car plus d'un' beauté sympathique,
A vingt galants, heureux rivaux,
Nous fournirait, au lieu d'un fils unique,
De véritables écheveaux. (*Bis.*)

COLIMAÇON.

Ah ! monsieur, c'est que si je perdais mon alphabet, je serais
fricassé.

BEAUFROMENT.

Vraiment ?

COLIMAÇON.

Ce que je vous dis est à la lettre.

BEAUFROMENT.

Eh bien, monsieur, cherchons ensemble.

ENSEMBLE.

Air : *Marche des Mousquetaires.*

Des dalhias et des chèvrefeuilles,
Avec soin, relevons les feuilles,
Et cherchons sans rien négliger,
Dans tous les coins du potager.

(*Ils sortent en cherchant par la gauche.*)

SCÈNE III.

ESCARGOTINE, LIMAÇONNETTE, COQUILLETTE, SPIRALE,
CORNALINE *et* MOULETTE.

(*Suite de l'air.*)

ESCARGOTINE, *escaladant le mur du fond.*

Grimpons avec prudence,
Ne faisons pas de bruit,
Ayons bonne espérance,
Car l'amour nous conduit.

(*Elle descend dans le jardin.*)

LIMAÇONNETTE, *de même.*

Quels jardins enchanteurs,
Que de fruits, que de fleurs !

ESCARGOTINE, *avec amour*.
Ah ! combien il est doux,
L'instant du rendez-vous.

ENSEMBLE.

De la prudence,
Et point de bruit ;
Douce espérance,
L'amour nous conduit.

(Tous les Escargots femelles sont arrivées en escaladant le mur du fond.)

ESCARGOTINE.
Comment, nous sommes les premières au rendez-vous?

LIMAÇONNETTE.
Dame ! nos réponses à ces jeunes escargots n'étaient peut-être pas assez claires.

COQUILLETTE.
On ne peut pourtant pas non plus se compromettre.

SPIRALE.
Qu'est-ce que vous aviez donc écrit ?

ESCARGOTINE
Voilà : «Mon bon, sans me connaître, et rien que pour m'avoir vue grimper sur le mur, vous me demandez un rendez-vous!... c'est bien léger, mais ça me va... j'accepte. »

COQUILLETTTE.
Est-il gentil ton amoureux ?

ESCARGOTINE.
Ah! c'est un colimaçon qui est fait au moule (*A Limaçonnette.*) et toi, ta réponse?

LIMAÇONNETTE.
La voici : « Mon Loulou, vous me proposez votre amour... j'en veux bien, allons-y gaiement... Nous prendrons des informations après. »

ESCARGOTINE.
Voilà comme on écrit quand on ne veut pas qu'on fasse un mauvais usage de vos lettres... et toi, Coquillette, qu'est-ce que tu as écrit ?

COQUILLETTE.
Tiens, voilà mon brouillon. (*Elle donne son brouillon à Escargotine.—Elles regardent toutes la lettre.*)

ESCARGOTINE, *d'un ton de reproche.*
Oh ! ma fille... ma fille... nous gazons du moins... et toi, tu vas... Après ça, tu signes ton article... tu en assumes la responsabilité... c'est ton affaire...

LIMAÇONNETTE.
Dame !... après tout, nous sommes des lettres.

ESCARGOTINE.
Des belles-lettres !

COQUILLETTE.
C'est bien le moins que nous ayons le droit d'en écrire.
ESCARGOTINE.
Moi d'abord, je suis très-fière de faire partie de l'alphabet.

A*ir* : *Nous avons le pont national.*

Tout se se dit avec l' A, B, C,
L' A, B, C, partout F, E, T.
Longtemps par le sort K, O, T,
Nous cesserons de V, G, T.
Le télégraphe est A, J, T,
De fureur il est R, I, C ;
Il ne peut supporter l' I, D,
Que du monde il est F, A, C.
Oui, malgré son R, E, B, T,
Trop longtemps il est R, S, T,
Debout comme une D, I, T!
Vieillard que le temps A, K, C.
C'est une affaire d' S, I, D,
Son F, I, J, est même O, T.
De lui nous allons R, I, T,
    Car il est D, C, D.

ENSEMBLE.

C'est une affaire, etc.

LIMAÇONNETTE.
Ah ! ça, dites donc, si nous mangions quelque chose en atten-
dant nos amoureux... moi j'ai une faim !... ah !
COQUILLETTE.
Dieu ! est-elle sur sa bouche !
LIMAÇONNETTE. *regardant une poire suspendue à un arbre.*
Oh ! le beau fruit.

A*ir* : *On dit que je suis sans malice.*

Elle a, ma foi, très-bonne mine,
De tous côtés je l'examine,
Et Dieu merci, je vais dedans,
Mordre et remordre à belles dents.

(Elle cueille la poire.)

Ah ! grand Dieu! que vois-je? elle est blette,
Bien loin de moi je la rejette.

(Elle la jette.)

Qu'un cœur ou qu'un fruit m' soit offert,
J' l'aime pas trop mûr, j' veux qu'il soit vert, (*Bis*).

ESCARGOTINE.

Mais voyez, voyez les beaux fruits, les belles fleurs... Chippons, grugeons, grignotons !... (*Elles courent toutes aux différents arbres, arrachent des fruits et reviennent en scène en les grignotant.— Escargotine dévorant une pomme d'api.*) Ah ! que c'est bon, que c'est donc bon le fruit volé, le fruit défendu.

AIR : *Les gueux.*

C'est bien connu,
Ce qu'on a reçu,
N'a jamais valu
Le fruit défendu.

REPRISE ENSEMBLE.

ESCARGOTINE.

Quand Ève croqua la pomme
Qui perdit le genre humain,
Avec Adam, l' premier homme,
Elle s'écria soudain :
C'est bien connu, etc.

LIMAÇONNETTE.

Le mari qu'on vous impose,
Fût-il charmant, plein d'esprit,
Ne vaut jamais, et pour cause,
L'amoureux que l'on choisit,
C'est bien connu, etc.

ESCARGOTINE.

Laissant, près d'une infidèle,
Un galant très-assidu,
Cher époux, fuyez loin d'elle,
Alors, vous deviendrez du
Fruit défendu ;
Vous s'rez bien venu,
Vous serez bien vu,
Et moins... déçu.

ENSEMBLE.

Fruit défendu,
Vous s'rez bien venu,
Vous serez bien vu,
Et moins déçu.

LIMAÇONNETTE.

Plus rien ?... moi j'ai encore faim...

TOUTES.

Et moi aussi !

ESCARGOTINE.

Eh bien ! continuons le pillage.

TOUTES.

Au pillage !

ENSEMBLE

AIR : *Je le tiens.*

Arrachons,
Dévastons,
Des fruits n'mangeons
Que les bons.
Et des fleurs,
Abîmons,
Les plus brillantes couleurs.

(Elles entr'ouvrent les feuillages pour cueillir des fruits, des têtes d'escargots paraissent.)

ESCARGOTINE.

Vous étiez là !... parlez bas!...

LES ESCARGOTS.

Nous avons suivi vos pas.

ESCARGOTINE.

Bien... et dès qu'il fera nuit...

LIMAÇONNETTE.

Chut !... j'entends du bruit.

(Elles referment les feuillages et reprennent ensemble pianissimo.)

ENSEMBLE.

Cachez-vous, (*bis.*)
Craignez les regards jaloux,
Cachez-vous, (*bis.*)
Jusqu'à l'heure du rendez-vous.

LES ESCARGOTS.

Cachons-nous, etc. (*bis.*)

SCÈNE IV.

LES MÊMES, COLIMAÇON.

COLIMAÇON, *venant de gauche.*

Ah ! je vous retrouve enfin, petites coureuses!... pourquoi vous êtes-vous échappées de la maison ?

ESCARGOTINE.

Nous y séchions d'ennui.

COLIMAÇON.

Les ingrates !... je fais tout pour les distraire... ne vous ai-je pas loué hier une loge à l'Odéon ?

ESCARGOTINE.

Faut-il être colimaçon pour ça !

COLIMAÇON.

C'est un théâtre qui fait beaucoup d'argent.

LIMAÇONNETTE.

Oui, mais pas le soir.

ESCARGOTINE.

Tenez, papa Colimaçon, voulez-vous savoir le fin mot ? on va vous le dire parlementairement : nous nous embêtons à Paris... nous nous embêtons à en mourir.

TOUTES.

Oui ! oui !...

COLIMAÇON.

Mourir ! mais pensez donc que j'ai fait annoncer pour demain la grande expérience escargotique au théâtre du Vaudeville.

LIMAÇONNETTE.

Ta, ta, ta, nous voulons d'abord et avant tout de la distraction.

TOUTES.

Oui ! oui ! de la distraction.

COLIMAÇON.

Comment faire ? qu'imaginer ? elles sont blasées sur tout... Elles vont me faire des malheurs ! elles vont se mettre à débobiner, c'est sûr !... (*On entend sonner à la grille.*)

LIMAÇONNETTE.

Qu'est-ce que c'est que ça ?

COLIMAÇON, *regardant à droite.*

Dieu soit loué ! on ouvre les grilles aux nombreux visiteurs de monsieur Beaufroment.

ESCARGOTINE.

Ah ! les drôles de figures !... (*Appelant.*) Par ici..... par ici...

TOUTES.

Par ici !

COLIMAÇON.

Je ne me trompe pas,.. quelques-uns des théâtres de Paris ! (*Revenant en scène.*) Je suis sauvé si je puis, jusqu'à demain, occuper l'esprit de mon Alphabet féminin.

SCÈNE V.

LES MÊMES, L'ENFANT PRODIGUE, *représenté par un enfant qui a une barbe et des cheveux blancs,* UN ÉCUYER, *qui porte devant lui un sac d'escamoteur,* UN OUVRIER TERRASSIER, *avec ses outils.*

CHOEUR.

Air : *Que Pantin serait content.*

Accourons tous en ces lieux,
  Voir ces merveilles
  Sans pareilles.
Ces beaux fruits miraculeux,
Sur lesquels on a les yeux.

(*Le Escargots femelles sont assises à droite et à gauche sur le de-*
vant du théâtre.)

LIMAÇONNETTE, *montrant un des personnages.*
Tiens ! qu'est-ce que c'est donc que cet écuyer-là, avec son
sac d'escamoteur ?

COLIMAÇON.

Air de *Madame Favart.*

Vous voyez l' sac à la malice,
Dans ce grand sac, on espérait,
  Chaque soir mettre un bénéfice ;
  Sur le titre seul on comptait...
Mais s'il n'a pas pas fait la moindre recette,
C'est qu'on a mis, par un fâcheux mic-mac...
  Tout' la malic' dans l'étiquette,
  Et pas du tout d' malice dans l' sac.

LIMAÇONNETTE, *montrant l'enfant prodigue.*
Oh ! ce bon petit vieillard !
COLIMAÇON.
Du tout... c'est un enfant, l'enfant prodigue.
ESCARGOTINE.
Ça un enfant ! il a la barbe et les cheveux tout blancs.
COLIMAÇON.
Ah ! il a eu tant de chagrins pendant ses répétitions, il a
vieilli avant l'âge.

Air : *Corneille nous fait ses adieux.*

L'enfant prodigue ne s'est pas prodigué
Car à nos vœux, il fut longtemps à s'rendre ;
  S'il a l'air un peu fatigué,
  On n'a pas perdu pour attendre.
  C'est bien l'enfant de son papa,
  Il est très riche en harmonie ;

Tous les deux jours cet enfant-là
Est prodigue de mélodie.

(Faisant signe à l'ouvrier d'approcher.)

Dites donc, l'ami, vous n'êtes pas un théâtre... vous êtes un
terrassier.

L'OUVRIER, *brandissant sa pioche.*

Pardon !... je suis le théâtre de la porte Saint-Martin.

LIMAÇONNETTE, *se levant.*

Oui, oui, avec ces outils-là, il fait des fouilles devant sa porte..
il cherche des recettes.

COLIMAÇON.

Mais non, on vous a dit qu'on allait creuser ainsi toutes les
rues de Paris, à cause de l'égalité.

LIMAÇONNETTE.

A cause de l'égalité ?

COLIMAÇON.

AIR : *Que d'établissements nouveaux.*

V'là c' qu'un passant m'a répondu,
Quand nous r'gardions cette bâtisse...
« Monsieur, le grand jour est venu,
» Faut qu' l'égalité s'établisse
» En plaçant les trottoirs très-haut,
» L'homme à pied doit, la chose est sûre,
» Se trouver au même niveau
» Que l'homme qui roule en voiture.

Dites donc, en fait de nouveautés, est-ce que nous ne verrons pas les femmes en relief ?

COLIMAÇON.

Celles qui brillent dans toutes les boutiques des papetiers de
Paris ? vous allez être satisfaits... Paraissez, les femmes en
relief.

*(Coup de tamtam. — Les arbres qui ferment le fond du théâtre
s'ouvrent de façon à former trois cadres dans lesquels sont pla-
cées des femmes dans des positions et des costumes gracieux. Elles
se détachent sur un fond complétement noir.)*

CHOEUR.

AIR *de Leicester.*

Quels jolis tableaux,
Piquants et nouveaux,
Viennent en ces lieux
Charmer nos yeux !

Oui, tous ces attraits
Si frais,
Si pimpants, si coquets,
Pour nous charmer sont faits
Exprès.

SCÈNE VI.

LES MÊMES, SERINGAPOUR.

SERINGAPOUR, *entrant par la droite; il porte un riche costume indien.*
Où sont-elles les femmes en relief... où sont-elles?... Ah !... ne bougez pas, odalisques de l'Inde, perles du Gange.

ESCARGOTINE.
Quel est ce marabout?

COLIMAÇON.
C'est ce personnage si riche, si généreux, si magnifique !

SERINGAPOUR, *à Limaçonnette.*
Permettez d'abord que je dépose un chaste baiser. (*Il l'embrasse sur les deux épaules.*)

ESCARGOTINE, *à Colimaçon.*
Tiens ! il va d'une épaule à l'autre !

SERINGAPOUR, *aux femmes en relief.*
Et vous, je vais vous inonder de rubis, je vais vous flanquer des diamants par la figure. Tiens, Bengali !.. accepte ce témoignage... (*Il fouille dans ses poches.*) Aïe ! plus rien ! les trois millions qui me restaient, je les ai donnés à mon cocher de fiacre !.. mais prends cette aigrette !... (*S'adressant à la seconde femme en relief.*) Tiens, Zétulbé, à toi mon turban ! (*Il l'ôte et le lui jette. — (A la trosième danseuse.*) Haïdée, prends ma ceinture. (*Même jeu.*) — (*A la quatrième.*) Nérilha, à toi ma robe... (*S'adressant à Limaçonnette.*) Et toi?.. Plus rien pour toi !.. (*Regardant son pantalon.*) Ah ! si, ce riche tissu d'or ; je vais m'en dépouiller pour toi !

TOUTES LES FEMMES.
Ah ! ah ! (*Les tableaux se referment.*)

COLIMAÇON.
Homme d'Inde ! vous vous dépouillez trop !

ENSEMBLE.

AIR :

C'est trop vous dépouiller !
Quel scandale
Pour la morale !
C'est trop vous dépouiller,
Allez vite vous rhabiller.

(*Séringapour sort, chassé par les Escargots femelles.*)

2

SCÈNE VII.

LES MÊMES, PAILLASSE *et sa famille. Paillasse arrive en faisant la roue. — Il est suivi de sa femme et de son enfant. — Un Jocrisse porte une grosse caisse.*

COLIMAÇON.

Tiens, c'est Paillasse qui emménage à la Gaîté.

PAILLASSE.

Place ! place ! place !... gare ! gare !...

AIR : *Je suis né Paillasse.*

Je suis l' vrai paillass' de Paris,
J'exerce sur les places,
J'attir' les passants par mes cris ,
Mes sauts et mes grimaces.
Au nez des badauds,
J'aval' des couteaux,
Je mang' de la filace,
Comm' le Parisien,
Messieurs, il n' s'rait rien,
Rien que je n'avalasse !

COLIMAÇON.

Bonjour... Paillasse de la Gaîté.

PAILLASSE.

Monsieur, je n'ai pas cette prétention.

AIR : *Il est toujours le même.*

Du grand acteur que chacun veut connaître
Et qui r'cueillant des triomphes nouveaux,
Au doux bruit des bravos,
Chaqu' soir vient reparaître,
Je parle chapeau bas.
Car, je n' vous l' cach'rai pas,
Il est toujours (*bis*) le maître.

Mais ce que je ne saluerai pas, c'est ce qu'on lui fait dire. Le Paillasse de la Gaîté est une contrefaçon,... un faux Paillasse... il ne fait que geindre... c'est un garçon boulanger.... Le Paillasse de la Gaîté, c'est le paillasse de la tristesse... il vient nous conter qu'il adore son épouse et ses moutards... il trouve l'occasion de leur faire avoir pas mal de millions.. et il refuse la monnaie pour les laisser dans la panne... et il vient nous dire qu'il aime ses moucherons. (*Imitant Frédéric Lemaître.*) C'est un vieux blagueur !

COLIMAÇON.

Cependant, permettez. Dans sa lutte avec les grands seigneurs, sa conduite a quelque chose de très...

PAILLASSE.

Ah ! oui, parlez-moi de ça... ils sont gentils vos grands seigneurs de la Gaîté... c'est des faux grands seigneurs.

AIR : *Salut, monument gigantesque.*

Pour flagorner la populace.

Et pour flatter quelques mauvais esprits,

Sur tous les gens de noble race,

On veut déverser à tout prix

Les outrages et le mépris.

Dans c'tte pièc'-là, les mœurs sont trop cocasses,

Car tous les rangs y sont intervertis :

Paillass', lui seul, agit comme un marquis,

Et les marquis comm' des paillasses (*bis*).

(*Prenant un ton de saltimbanque et s'adressant à Colimaçon.*)
Monsieur, vous qui êtes peut-être plus malin que vous n'en
avez l'air, *poureriez*-vous me dire à cause donc de quoi que les
mêmes auteurs *dromatiques* écrivent blanc pour les théâtres depuis la Madeleine jusqu'à la porte Saint-Denis, et rouge pour
ceux depuis la porte Saint-Denis jusqu'à la Bastille?

COLIMAÇON.

Dam !... ils suivent une ligne...

PAILLASSE.

C'est donc des omnibus?... Tenez, bourgeois, moi, je suis un
enfant du peuple, mais je ne suis pas comme d'aucuns qui pen-
sent qu'un homme qui porte un habit propre doit être un gueu-
sard, que celui qui a des bottes vernies est un scélérat, et que
celui qui prend des bains est un chourineur.

AIR : *On vient r'pêcher à la ronde.*

Dans tous les dram's, c'est la blouse

Qui l'emporte sur l'habit ;

Les vertus sont sous la blouse

Et les crim's sont sous l'habit.

Afin de fair' rir' la blouse,

Il faut déchirer l'habit,

Mettr' Saint-Vincent-de-Paul en blouse,

Mandrin, Cartouche, en habit.

Mais c' qui m' passe et c' qui me blouse,

Moi, sans blouse et sans habit,

C'est la vogu' des pièc's à blouse

Fait' par ceux qu'ont un habit.

Y a de bons instincts sous la blouse,

Y a de nobles cœurs sous l'habit,

Ah ! pour nettoyer la blouse,

Ne tachez donc pas l'habit (*bis.*)

Mais tenez, bourgeois et bourgeoises, tout ça n'est pas le vrai
Paillasse du boulevard du Temple... avec ses quolibets et ses

lazzis. Exemple! (*S'adressant à Colimaçon.*) Savez-vous la différence qu'il y a entre les chevaux de fiacre et les ânes?

COLIMAÇON, *embarrassé.*

Dame!.. vous demandez-là tout ce qu'il y a de plus difficile...

PAILLASSE.

Les chevaux de fiacre cherchent toujours les places, et les places cherchent toujours les ânes. (*S'adressant à Escargotine.*) Quelle ressemblance y a-t-il entre les femmes et les côtelettes?

ESCARGOTINE.

Je ne sais pas..

PAILLASSE.

Les femmes sont comme les côtelettes! plus on tape dessus, plus elles sont tendres. Allez la musique! (*Les gens qui l'ont accompagné exécutent une musique de saltimbanque, pendant laquelle Paillasse sort en faisant la roue. Il sort suivi de tout le monde, excepté des Escargots.*)

SCÈNE VIII.

COLIMAÇON, ESCARGOTINE, LIMAÇONNETTE, COQUILLETTE, CORNALINE, SPIRALE *et* MOULETTE.

COLIMAÇON, *à part.*

Voici la nuit! ma foi, ce jardin m'offre toute sécurité, et je vais y laisser mes escargotes jusqu'à demain, jour de ma grande séance au vaudeville. (*Il sort par la droite.*)

ESCARGOTINE.

Bon! v'la colimaçon parti.

AIR : *Chasse de Guillaume Tell.*

La nuit étend ses ailes,
Plus de regards jaloux !
Et nos amants fidèles
Sont là, tout près de nous.

(*Toutes allant aux bosquets.*)

Etes-vous là?

(*Tous les colimaçons mâles montrent leurs têtes.*)

Oui, nous voilà.

ESCARGOTINE.

Moments si doux
Du rendez-vous,
Plus de soucis,
Et plus d'ennuis,
Grâce à l'amour, vive Paris!

REPRISE ENSEMBLE.

(*Les Escargots femelles donnent leurs mains à baiser aux Escargots mâles. — (Tableau.)*

ACTE III.

Le théâtre représente un riche salon donnant sur des jardins. —
Un vaste paravent sépare le théâtre en deux parties égales.

SCÈNE PREMIÈRE.

COLIMAÇON, *habillé tout en noir, gants jaunes et gilet blanc; il
entre par le fond et fait trois saluts au public.*

Air de *Renaudin.*

Messieurs, malgré mon habit noir,
Malgré les trois saluts d'usage,
Ce n'est pas un fâcheux message
Que je vous apporte ce soir.
Cherchant un accueil sympathique,
Je viens demander votre appui,
Pour l'expérience escargotique
Que nous allons tenter ici.
Le plus léger petit brouillard,
Arrête l'ancien télégraphe,
Du fil sous-marin l'orthographe
Est à la merci d'un homard.
D'une façon précise et claire,
Maintenant, je vais expliquer
Tout mon système, et la manière
La plus simple de l'appliquer.
Prenez d'abord des escargots,
Mais il faut qu'ils soient, c'est logique,
Du même avis en politique,
Et n'aient jamais lu les journaux.
Au mâle, ainsi qu'à sa compagne,
Donnez des aliments ad hoc;
Beaucoup de bon vin de Champagne,
Et tous les soirs du Paul de Kock.
Dans leur cœur il s'allume un feu,
Un amour... très-peu platonique,
Un amour... anacréontique;
Enfin, ce sont des Richelieu.
C'est alors qu'une main cruelle,
Vient éteindre des feux si beaux ;
Au mépris de la loi nouvelle
Qui protège les animaux.

2.

Vous obtenez un minéral,
Un' boussol'... pasilalinique,
Et dont le fluide adamique,
Produit un... courant sidéral.
Bientôt la base... galvanique,
Due à la pile de Volta,
Décompose... la dynamique,
Et recompose,... enfin... voilà.
Messieurs, vous me comprenez bien ?
Non ?... non ?... alors faites-moi grâce,
C'est comme tout ce qui se passe,
C'est beau, mais on n'y comprend rien.

SCÈNE II.

COLIMAÇON *et* GRIMPE-TOUJOURS.

GRIMPE-TOUJOURS, *entrant par le fond à gauche.*
Me voilà, me voilà... mon cher Colimaçon...

COLIMAÇON.
Ah! c'est toi, Grimpe-toujours... eh bien, ton alphabet masculin ?...

GRIMPE-TOUJOURS, *indiquant la gauche.*
Il est là... au complet.

COLIMAÇON.
Actif?... fringant?...

GRIMPE-TOUJOURS.
Ah!... sauf le P. qui a été affaissé... et le double V. un peu dérangé...

COLIMAÇON.
Sous le rapport des mœurs?...

GRIMPE-TOUJOURS.
Non... sous d'autres rapports... et nos épouses ont-elles été sages?...

COLIMAÇON.
Oh! des vestales...

GRIMPE-TOUJOURS.
C'est comme nous... des *vestaux.*

COLIMAÇON.
Alors, donnons le signal... faisons entrer... tu vois : côté des hommes, côté des femmes... entrez les alphabets!...

SCÈNE III.

LES MÊMES, *tous les escargots mâles venant du fond à gauche et les escargots femelles venant du fond à droite... ils descendent en rang et se plaçant à droite et à gauche du paravent. Chaque escargot tient un élégant écran à la main sur lequel est inscrite une lettre de l'alphabet.*

CHOEUR.

AIR : *Tin, tin, jusqu'à demain.* (Madame Marneffe.)

Ce n' sont pas des fagots,
C'est enfin le règne des escargots !
Pour voir finir nos maux,
Hâtons-nous tous de former des mots.

COLIMAÇON, *à Grimpe-Toujours.*
Où donc est l'accent aigu ?

GRIMPE-TOUJOURS.
Il est allé, ça me vexe,
Avec l'accent circonflexe...
Voir Marianne à l'Ambigu.

COLIMAÇON. (*Parlé.*)
Quoi, pas d'accents !... c'est grave...

TOUS.
Ah !...

COLIMAÇON, *leur imposant silence.*
Point d'exclamation !...

REPRISE DU CHOEUR.

Ce n' sont pas des fagots,
C'est enfin le règne des escargots ;
Pour voir finir nos maux,
Hâtons-nous tous de former des mots.

COLIMAÇON, *donnant quelques coups de sonnette.*
La séance est ouverte !... (*Au public.*) Messieurs, et citoyens, il en faut pour tous les goûts... vous voyez que nous agissons avec loyauté... nos deux alphabets sont complétement séparés... Ils ne peuvent ni correspondre, ni se voir... (*A ce moment Grimpe-toujours et Escargotine se font des agaceries au bord du paravent qui les sépare.*) Ce n'est pas comme dans les bains à vingt centimes, où un simple fil de fer galvanisé sépare les sexes !... (*Allant chercher un énorme gourdin.*) Avec ce léger *stick*, je vais chatouiller amoureusement les entre-côtes de quelques escargots mâles, un mot sera formé, et reproduit immédiatement du côté des femmes... (*Aux mâles.*) Assemblons des lettres, pour former un mot...

UN MONSIEUR, *se levant au balcon.*
Pardon, monsieur, pardon, pardon... j'ai un léger amendement à proposer... Vous dites que vous allez former un mot et qu'il sera aussitôt reproduit... très bien... mais qui me dit que tout n'est pas arrangé d'avance ?...

COLIMAÇON.
Oh ! monsieur... dans un théâtre !

LE MONSIEUR.
Je suis parfaitement convaincu que vous êtes un honnête homme...

COLIMAÇON.

Oui, monsieur.

LE MONSIEUR.

Mais vous pouvez aussi être un filou...

COLIMAÇON.

Oui, monsieur...

LE MONSIEUR.

Ah! c'est que j'ai été si souvent trompé, exploité! j'ai été chemin-de-férisé, loterisé, bitumisé, californisé, banque-du-peuplisé, et etcétératisé.

COLIMAÇON.

Alors, monsieur, comment voulez-vous ?

LE MONSIEUR.

J'ai tout prévu! Voilà trois mots, que vous allez faire exécuter par vos mâles, et nous verrons bien si les femelles...

COLIMAÇON.

Très-volontiers!...

LE MONSIEUR, *voulant quitter sa place.*

Alors si vous voulez me faire ouvrir la porte de communication...

COLIMAÇON.

Ah! ça ne se peut pas...

LE MONSIEUR.

Tant pis... j'aurais voulu voir les escargotes de plus près...

COLIMAÇON.

Ça ne se fait pas; les lois escargotiques s'y opposent... jetez-moi votre papier.

LE MONSIEUR, *jetant sur la scène un papier roulé sur une pièce de cent sous.*

Voilà... vous me rendrez ma pièce de cent sous... si les lois escargotiques ne s'y opposent pas.

COLIMAÇON, *mettant la pièce de cent sous dans sa poche.*

Je consulterai le réglement ; attention, je commence. (*Musique à l'orchestre. — Colimaçon après avoir lu des yeux le premier mot envoyé par le monsieur du balcon, touche violemment avec son bâton quelques-uns des escargots mâles.—Ils éprouvent une secousse et viennent successivement se mettre en rang devant le public, lèvent leurs écrans, et forment ainsi le mot:* Icarie.)

COLIMAÇON, *élevant la voix.*

Allons les femelles, allons!

ESCARGOTINE, *bas à Limaçonnette.*

Dis-donc, ressens-tu quelque chose, toi?

LIMAÇONNETTE.

Où donc ?

ESCARGOTINE.

Je ne sais pas; mais enfin ressens-tu quelque chose?...

LIMAÇONNETTE.

Non.

ESCARGOTINE, *regardant toutes ses camarades.*

Et vous autres?

TOUTES.

Rien, rien, rien.

COLIMAÇON.

Allons, les femelles, allons !

ESCARGOTINE.

Ma foi, formons quelque chose au hasard, tant pis. (*Elles se mêlent, puis viennent comme les mâles se mettre devant le public et forment le mot :* Blague.)

LE MONSIEUR, *riant.*

Ah ! ah ! ah !

COLIMAÇON.

De quoi, de quoi ? (*Se penchant pour voir ce que les femmes ont écrit.*) Eh bien, il me semble que pour un premier essai, ça n'est pas déjà si mal... nous avons de très-grandes ressem—blances dans les deux mots... il y a un *e* par ici et un *e* par-là, passons au second mot... (*A mi-voix aux escargots femelles.*) Faites donc attention, les petites... il s'agit de sauver notre espèce, voyez donc à l'orchestre... il y a là un tas de gourmands qui vous dévorent déjà des yeux.

TOUTES, *regardant dans la salle.*

Où donc? où donc?

COLIMAÇON.

Au second mot. (*Comme la première fois il touche les escargots mâles qui forment le mot :* Amour.)

COLIMAÇON, *à haute voix.*

Allons les femelles, allons !...

ESCARGOTINE, *consultant ses camarades.*

Eh bien ! toujours rien?...

TOUTES.

Rien, rien.

ESCARGOTINE.

Alors, comme la première fois, au hasard. (*Elles s'assemblent et forment les mots :* Du flan.)

LE MONSIEUR DU BALCON.

Allons, allons, c'est un peu mieux, il y a progrès...

COLIMAÇON, *avec orgueil, en se penchant vers les femmes pour voir le mot qu'elles ont formé.*

Vous voyez, monsieur, qu'avec un peu de patience... Ah ! grand Dieu !... mais ce n'est pas ça ! les malheureuses ont eu des intrigues, c'est sûr; elles ont rompu le fluide magnétique... elles auront débobiné !...

GRIMPE-TOUJOURS.

C'est-il bien possible?... (*Il s'élance vers les femmes, suivi de ses camarades.—On enlève le paravent.*)

LES ESCARGOTS MALES.

Air du *Carillon de Dunkerque.*

Ah ! j'en perdrai la tête !
Qu'avez-vous fait, coquette ?
De nos feux, se peut-il,
Vous auriez rompu le fil !

ESCARGOTINE, *baissant les yeux.*

Malgré notre sagesse...
Pour un moment d' faiblesse,
Accordez votr' pardon.

CRIMPE-TOUJOURS, *avec dignité.*

Mais que sommes-nous donc?

(*Silence. — A ce moment les cornes de tous les escargots sortent
simultanément.*)

ENSEMBLE.

LES ESCARGOTS MALES.

Ah! pour moi quel outrage!
Craignez, craignez ma rage.
De nos feux se peut-il!
Vous avez rompu le fil!

LES ESCARGOTS FEMELLES.

Pour un si mince outrage
Faire autant de tapage :
De leurs feux, se peut-il?
Nous avons rompu le fil!

COLIMAÇON, *avec désespoir.*
Nous sommes perdus!... nous sommes cuits!

LE MONSIEUR DU BALCON.
Tant mieux, tant mieux, car j'adore votre espèce! aux fines
herbes... je suis escargotophage!

COLIMAÇON.
J'avais pris tant de précautions... ce matin encore, par mesure de prudence j'ai fait main basse sur cet alphabet rival
qui m'inquiétait tant. (*S'adressant aux femmes.*) Sur vos amoureux, malheureuses, et je les ai livrés tous les vingt-quatre à un
traiteur de la rue Montorgueil, qui les a immédiatement fri-
cassés.

LE MONSIEUR, *avec inquiétude.*
Vous dites rue Montorgueil?... chez Philippe?

COLIMAÇON.
Le vrai Philippe?...

LE MONSIEUR, *de même.*
Eh bien c'est moi, c'est moi, qui ai classé ces lettres dans
mon estomac...

COLIMAÇON.
Eh bien! tant mieux, ça va drôlement déranger l'alphabet
correspondant, qui est en Allemagne...

LE MONSIEUR, *avec un peu d'effroi en se mettant la main sur
l'estomac.*
Bienheureux si ça ne dérange que l'alphabet correspondant!

COLIMAÇON, *riant.*

Et il doit commencer aujourd'hui même l'envoi de ses nouvelles pour les journaux du soir...

LE MONSIEUR, *se palpant l'estomac.*

Ah !... mon Dieu !... mais je sens des mouvements télégra-
phiques dans l'estomac... des mots s'y forment et me montent
au cerveau... je les vois... je les lis... je sens la correspondance
qui s'établit...

TOUS.

Parlez, parlez...

LE MONSIEUR.

Mais je vais faire du tort à la Patrie et à l'Evènement... ma foi
tant pis... les nouvelles débordent, il faut que je les livre à la
publicité.

AIR : *Paris, Paris, Paris* (Banc d'huitres.)

J' vais donner au public
Des nouvell's de Munich,
Des nouvell's de Dantzick,
Et du grand duché de Brunswick.
En Allemagn', quels cris démagogiques,
Je vois partout les esprits s'allumer !
Dam ! inventeurs des allumett's chimiques,
Ce sont des gens très-prompts à s'enflammer !
Le duc de Meninghen,
Électeur de Kringhen,
Prince de Brubinghen,
Déclar' la guerre au Kissinghen.
Il a levé pour ça de fortes sommes,
Faisant au peuple un appel général,
Il vient enfin de recruter quatre hommes,
Mais il n'a pas encor de caporal.
Mais voilà qu' Hess'cassel
Soudain pousse un cri tel
Que chacun s'écrie : Ah !
« Mais, grand Dieu ! qu'est-ce qu'à cell'-là ! »
J' n'ai pas besoin de mettre des lunettes
Pour voir et dir', car le fait est certain,
Que l'Allemagn' avec toutes ses diètes
Fera mourir le pauvr' peuple de faim.
Le parlement d'Erfurt
Dit à celui d' Francfort :
Mon cher, tu peux êtr' sûr, t-
-u vas être envoyé faire furt.

ENSEMBLE.

Mais j' m'arrète, car j'ai peur
Qu' ces nouvell's de malheur

Qui m' vienn'nt de l'extérieur
Ne m' fass'nt du mal à l'intérieur.

TOUS.

Il s'arrête, il a peur
Qu' ces nouvell's de malheur
Qui vienn'nt de l'extérieur
N' lui fass'nt du mal à l'intérieur.

ESCARGOTINE, *au monsieur du balcon qui s'en va.*

Monsieur!... monsieur! il s'en va? comment faire?... je voulais lui proposer... (*S'adressant au public.*) S'il en est ainsi, c'est à vous, messieurs, que j'aurai l'honneur de faire ma proposition.

AIR : *de la Vieille.*

Notre expérience, et pour cause,
Ce soir s'est trouvée en péril.
Sur vous alors je me repose
Pour établir un nouveau fil,
Entre vous et nous je propose
D'établir un rapport, un fil.
Voyons, parlez, ça vous va-t-il?

COLIMAÇON. (*Parlé*).

Oui !.. ça vous va! je crois bien !...

ESCARGOTINE.

(*Chant.*)

De commencer le public est le maître,
Qu'il daigne donc assembler chaque lettre,
Et puis ce mot que vous allez émettre.
Sur le théâtre à l'instant va paraître.

COLIMAÇON, *à l'extrême gauche.* (*Parlé.*)

Est-ce fait ? non ?...
Mon Dieu, le premier mot venu... Tenez, un petit mot, gracieux... aimable... relativement à cette pièce... il est choisi?... très-bien... paf!... ça y est... (*Le mot* SUCCÈS *est formé par les Escargots femelles.*)

(*Suite de l'air.*)

Voyons, Messieurs, sommes-nous en progrès.
    Avez-vous bien écrit : *succès?*

TOUS.

Voyons, Messieurs, sommes-nous en progrès,
    Avez-vous bien écrit : *succès?* (*bis.*)

FIN.

POISSY.— Typographie Arbieu.